A ALEGRIA DE ENSINAR

RUBEM ALVES

A ALEGRIA DE ENSINAR

Capa | Fernando Cornacchia
Foto de capa | Rennato Testa
Revisão | Lúcia Helena Lahoz Morelli

Dados Internacionais de Catalogação na Publicação (CIP)
(Câmara Brasileira do Livro, SP, Brasil)

Alves, Rubem
A alegria de ensinar/Rubem Alves – 14ª ed. – Campinas,SP:
Papirus, 2012.

ISBN 978-85-308-0590-6

1. Educação 2. Educação – Filosofia 3. Ensino 4. Pedagogia
I. Título.

12-15376 CDD-370

Índices para catálogo sistemático:

1. Educação 370
2. Ensino 370
3. Pedagogia 370

14ª Edição – 2012
14ª Reimpressão – 2025

Exceto no caso de citações, a grafia deste livro está atualizada segundo o Acordo Ortográfico da Língua Portuguesa adotado no Brasil a partir de 2009.

Proibida a reprodução total ou parcial da obra de acordo com a lei 9.610/98.
Editora afiliada à Associação Brasileira dos Direitos Reprográficos (ABDR).

DIREITOS RESERVADOS PARA A LÍNGUA PORTUGUESA:
© M.R. Cornacchia Editora Ltda. – Papirus Editora
R. Barata Ribeiro, 79, sala 316 – CEP 13023-030 – Vila Itapura
Fone: (19) 3790-1300 – Campinas – São Paulo – Brasil
E-mail: editora@papirus.com.br – www.papirus.com.br

Ensinar é um exercício de imortalidade. De alguma forma continuamos a viver naqueles cujos olhos aprenderam a ver o mundo pela magia da nossa palavra. O professor, assim, não morre jamais...

Rubem Alves

SUMÁRIO

ENSINAR A ALEGRIA	9
ESCOLA E SOFRIMENTO	15
A LEI DE CHARLIE BROWN	21
"BOCA DE FORNO!"	27
O SAPO	33
SOBRE VACAS E MOEDORES	39
"EU, LEONARDO"	45
LAGARTAS E BORBOLETAS	53
BOLINHAS DE GUDE	59
UM CORPO COM ASAS	65
TUDO O QUE É PESADO FLUTUA NO AR	71
AS RECEITAS	77
ENSINAR O QUE NÃO SE SABE	83
O CARRINHO	89

ENSINAR A ALEGRIA

Muito se tem falado sobre o sofrimento dos professores. Eu, que ando sempre na direção oposta e acredito que a verdade se encontra no avesso das coisas, quero falar sobre o contrário: a alegria de ser professor, pois o sofrimento de ser um professor é semelhante ao sofrimento das dores de parto: a mãe o aceita e logo dele se esquece, pela alegria de dar à luz um filho.

Reli, faz poucos dias, o livro de Hermann Hesse, *O jogo das contas de vidro*. Bem ao final, à guisa de conclusão e resumo da estória, está este poeminha de Rückert:

Nossos dias são preciosos
mas com alegria os vemos passando
se no seu lugar encontramos
uma coisa mais preciosa crescendo:
uma planta rara e exótica,
deleite de um coração jardineiro,
uma criança que estamos ensinando,
um livrinho que estamos escrevendo.

Este poema fala de uma estranha alegria, a alegria que se tem diante da coisa triste que é ver os preciosos dias passando... A alegria está no jardim que se planta, na criança que se ensina, no livrinho que se escreve. Senti que eu mesmo poderia ter escrito essas palavras, pois sou jardineiro, sou professor e escrevo livrinhos. Imagino que o poeta jamais pensaria em se aposentar. Pois quem deseja se aposentar daquilo que lhe traz alegria? Da alegria não se aposenta... Algumas páginas antes o herói da estória havia declarado que, ao final de sua longa caminhada pelas coisas mais altas do espírito, dentre as quais se destacava a familiaridade com a sublime beleza da música e da literatura, descobria que ensinar era algo que lhe dava prazer igual, e que o prazer era tanto maior quanto mais jovens e mais livres das deformações da deseducação fossem os estudantes.

Ao ler o texto de Hesse tive a impressão de que ele estava simplesmente repetindo um tema que se encontra em Nietzsche. O que é bem provável. Fui procurar e encontrei o lugar onde o filósofo (escrevo esta palavra com um pedido de perdão aos filósofos acadêmicos, que nunca o considerariam como tal, porque ele é poeta demais, "tolo" demais...) diz que "a felicidade mais alta é a felicidade da razão, que encontra sua expressão suprema na obra do artista. Pois que coisa mais deliciosa haverá que tornar sensível a beleza? Mas esta felicidade suprema", ele acrescenta, "é ultrapassada pela felicidade de gerar um filho ou de educar uma pessoa".

Passei então ao prólogo de Zaratustra.

Quando Zaratustra tinha 30 anos de idade deixou a sua casa e o lago de sua casa e subiu para as montanhas. Ali ele gozou do seu espírito e da sua solidão, e por dez anos não se cansou. Mas, por fim, uma mudança veio ao seu coração e, numa manhã, levantou-se de madrugada, colocou-se diante do Sol, e assim lhe falou: Tu, grande estrela, que seria de tua felicidade se não houvesse aqueles para quem brilhas? Por dez anos tu vieste à minha caverna: tu te terias cansado de tua luz e de tua jornada, se eu, minha águia e minha serpente não estivéssemos à tua espera. Mas a cada manhã te esperávamos e tomávamos de ti o teu transbordamento, e te bendizíamos por isso.

Eis que estou cansado na minha sabedoria, como uma abelha que ajuntou muito mel; tenho necessidade de mãos estendidas que a recebam. Mas, para isso, tenho de descer às profundezas, como tu o fazes na noite e mergulhas no mar... Como tu, também devo descer...

Abençoa, pois, a taça que deseja esvaziar-se de novo...

Assim se inicia a saga de Zaratustra, com uma meditação sobre a felicidade. A felicidade começa na solidão: uma taça que se deixa encher com a alegria que transborda do Sol. Mas vem o tempo quando a taça se enche. Ela não mais pode conter aquilo que recebe. Deseja transbordar. Acontece assim com a abelha que não mais consegue segurar em si o mel que ajuntou; acontece com o seio, túrgido de leite, que precisa da boca da criança que o esvazie. A felicidade solitária é dolorosa. Zaratustra percebe então que sua alma passa por uma metamorfose. Chegou a hora de uma alegria maior: a de compartilhar com os homens a felicidade que nele mora. Seus olhos procuram mãos estendidas que possam receber a sua riqueza. Zaratustra, o sábio, transforma-se em mestre. Pois ser mestre é isto: ensinar a felicidade.

"Ah!", retrucarão os professores, "a felicidade não é a disciplina que ensino. Ensino ciências, ensino literatura, ensino história, ensino matemática...". Mas será que vocês não percebem que essas coisas que se chamam "disciplinas", e que vocês devem ensinar, nada mais são que taças multiformes coloridas, que devem estar cheias de alegria? Pois o que vocês ensinam não é um deleite para a alma? Se não fosse, vocês não deveriam ensinar. E se é, então é preciso que aqueles que recebem, os seus alunos, sintam prazer igual ao que vocês sentem. Se isso não acontecer, vocês terão fracassado na sua missão, como a cozinheira que queria oferecer prazer, mas a comida saiu salgada e queimada...

O mestre nasce da exuberância da felicidade. E, por isso mesmo, quando perguntados sobre a sua profissão, os professores deveriam ter coragem para dar a absurda resposta: "Sou um pastor da alegria...". Mas, é claro, somente os seus alunos poderão atestar da verdade da sua declaração...

ESCOLA E SOFRIMENTO

Estou com medo de que as crianças me chamem de mentiroso. Pois eu disse que o negócio dos professores é ensinar a felicidade. Acontece que eu não conheço nenhuma criança que concorde com isso. Se elas já tivessem aprendido as lições da política, me acusariam de porta-voz da classe dominante. Pois, como todos sabem, mas ninguém tem coragem de dizer, toda escola tem uma classe dominante e uma classe dominada: a primeira, formada por professores e administradores, detém o monopólio do saber; e a segunda, formada pelos alunos, detém o monopólio da ignorância, e deve submeter o seu comportamento e o seu pensamento aos seus superiores, se deseja passar de ano.

Basta contemplar os olhos amedrontados das crianças e os seus rostos cheios de ansiedade para compreender que a escola lhes traz sofrimento. O meu palpite é que, se se fizer uma pesquisa entre as crianças e os adolescentes sobre as suas experiências de alegria na escola, eles terão muito o que falar sobre a amizade e o companheirismo entre eles, mas pouquíssimas serão as referências à alegria de estudar, compreender e aprender.

A classe dominante argumentará que o testemunho dos alunos não deve ser levado em consideração. Eles não sabem, ainda... Quem sabe são os professores e os administradores.

Acontece que as crianças não estão sozinhas nesse julgamento. Eu mesmo só me lembro com alegria de dois professores dos meus tempos de grupo, ginásio e científico. A primeira, uma gorda e maternal senhora, professora do curso de admissão, tratava-nos a todos como filhos. Com ela era como se todos fôssemos uma grande família. O outro, professor de literatura, foi a primeira pessoa a me introduzir nas delícias da leitura. Ele falava sobre os grandes clássicos com tal amor que deles nunca pude me esquecer. Quanto aos outros, a minha impressão era a de que nos consideravam como inimigos a serem confundidos e torturados por um saber cuja finalidade e cuja utilidade nunca se deram ao trabalho de nos explicar. Compreende-se, portanto, que entre as nossas maiores alegrias estava a notícia de que o professor estava doente e não poderia dar a aula. E até mesmo uma dor de barriga ou um resfriado era motivo de alegria, quando a doença nos dava uma desculpa aceitável para não ir à escola. Não me espanto, portanto, que tenha aprendido tão pouco na escola. O que aprendi foi fora dela e contra ela. Jorge Luis Borges passou por experiência semelhante. Declarou que estudou a vida inteira, menos nos anos em que esteve na escola. Era, de fato, difícil amar as disciplinas representadas por rostos e vozes que não queriam ser amados.

Essa situação, ao que parece, tem sido a norma, tanto que é assim que aparece frequentemente relatada na literatura. Romain Rolland conta a experiência de um aluno:

> ... afinal de contas, não entender nada já é um hábito. Três quartas partes do que se diz e do que me fazem escrever na escola: a gramática, ciências, a moral e mais um terço das palavras que leio, que me ditam, que eu mesmo emprego – eu não sei o que elas querem dizer. Já observei que em minhas redações as que eu menos compreendo são as que levam mais chances de ser classificadas em primeiro lugar.

Mas nem precisaríamos ler Romain Rolland: bastaria ler os textos que os nossos filhos têm de ler e aprender. Concordo com Paul Goodman na sua afirmação de que a maioria dos estudantes nos colégios e universidades não deseja estar lá. Eles estão lá porque são obrigados.

Os métodos clássicos de tortura escolar como a palmatória e a vara já foram abolidos. Mas poderá haver sofrimento maior para uma criança ou um adolescente que ser forçado a mover-se numa floresta de informações que não conseguem compreender, e que nenhuma relação parecem ter com sua vida?

Compreende-se que, com o passar do tempo, a inteligência se encolha por medo e horror diante dos desafios intelectuais, e que o aluno passe a se considerar como um burro. Contudo, a verdade é outra: a sua inteligência foi intimidada pelos professores e, por isso, ficou paralisada.

Os técnicos em educação desenvolveram métodos para avaliar a aprendizagem e, baseados em seus resultados, classificam os alunos. Mas ninguém jamais pensou em avaliar a alegria dos estudantes – mesmo porque não há métodos objetivos para tal. Porque a alegria é uma condição interior, uma experiência de riqueza e de liberdade de pensamentos e sentimentos. A educação, fascinada pelo conhecimento do mundo, esqueceu-se de que sua vocação é despertar o potencial único que jaz adormecido em cada estudante. Daí o paradoxo com que sempre nos defrontamos: quanto maior o conhecimento, menor a sabedoria. T.S. Eliot fazia esta terrível pergunta, que deveria ser motivo de meditação para todos os professores: "Onde está a sabedoria que perdemos no conhecimento?".

Vai aqui este pedido aos professores, pedido de alguém que sofre ao ver o rosto aflito das crianças, dos adolescentes: lembrem-se de que vocês são pastores da alegria, e que a sua responsabilidade primeira é definida por um rosto que lhes faz um pedido: "Por favor, me ajude a ser feliz".

A LEI DE CHARLIE BROWN

Voltando das férias resolvi fazer uma limpeza na papelada que se acumulou no ano passado. Um monte de pastas cheias de anotações, ideias para uso futuro. Fui lendo, vagarosamente. Muitas das ideias já não faziam sentido: não me diziam nada; estavam mortas. Outras tinham sido escritas apressadamente e não consegui decifrar minha própria letra. A cesta de lixo foi se enchendo. Mas sobraram algumas coisas que guardei. Demorei-me num recorte de jornal. Era uma daquelas tirinhas do Charlie Brown. Ele está explicando ao seu amiguinho a importância das escolas. "Sabe por que temos que tirar boas notas na escola? Para passarmos do primário para o ginásio. Se tirarmos boas notas no ginásio, passamos para o colégio, e se no colégio tirarmos boas notas, passamos para a universidade, e se nesta tirarmos boas notas, conseguimos um bom emprego e podemos casar e ter filhos para mandá-los à escola, onde eles vão estudar um monte de coisas para tirar boas notas e..."

O sorriso é inevitável. A gente se surpreende com a verdade clara das palavras do menino. Ele diz, de um só fôlego, aquilo que os filósofos da educação raramente percebem. E, se o percebem, não têm coragem de dizer. E, se o dizem, o fazem de maneira complicada e comprida. A curta explicação de Charlie Brown, qualquer criança que vá à escola compreende imediatamente.

Charlie Brown enuncia a *lei da educação*: porque é assim mesmo que as coisas acontecem. E, se o sorriso aparece, é porque a gente se dá conta, repentinamente, da máquina absurda pela qual nossas crianças e nossos jovens são forçados a passar, em nome da educação.

É estranho que tal afirmação saia de alguém que se considera um educador. Mas é por isso mesmo, por querer ser um professor, que aquilo por que nossas crianças e nossos jovens são forçados a passar, em nome da educação, me horroriza.

Hermann Hesse, que dizia que dentre os problemas da cultura moderna a escola era o único que levava a sério, pensava de maneira semelhante. Dizia que a escola havia matado muitas coisas nele.

Nietzsche, que via a sua missão como a de um educador, também se horrorizava diante daquilo que as escolas faziam com a juventude: "O que elas realizam", ele dizia, "é um treinamento brutal, com o propósito de preparar vastos números de jovens, no menor espaço e tempo possível, para se tornarem usáveis e abusáveis, a serviço do governo". Se ele vivesse hoje certamente faria uma pequena modificação na sua última afirmação. Em vez de "a serviço do governo", diria "usáveis e abusáveis a serviço da economia".

À medida que vou envelhecendo tenho cada vez mais dó, das crianças e dos jovens. Porque gostaria que a educação fosse diferente. Vejam bem: não estou lamentando a falta de recursos econômicos para a educação. Não estou me queixando da indigência quase absoluta de nossas escolas.

Se tivéssemos abundância de recursos, é bem possível que acabássemos como o Japão, e nossas escolas se transformassem em máquinas para a produção de formigas disciplinadas e trabalhadoras.

Não creio que a excelência funcional do formigueiro seja uma utopia desejável. Não existe evidência alguma de que homens-formiga, notáveis pela sua capacidade de produzir, sejam mais felizes. Parece que o objetivo de produzir cada vez mais, adequado aos interesses de crescimento econômico, não é suficiente para dar um sentido à vida humana. É significativo que o Japão seja hoje um dos países com a mais alta taxa de suicídios no mundo, inclusive o suicídio de crianças. A miséria das escolas se encontra precisamente ali onde elas são classificadas como excelentes. Não critico a máquina educacional por sua ineficiência. Critico a máquina educacional por aquilo que ela pretende produzir, por aquilo em que ela deseja transformar nossos jovens. É precisamente quando a máquina é mais eficiente que a deformação que ela produz aparece de forma mais acabada.

Acho que a tirinha do Charlie Brown me comoveu pela coincidência com este sofrimento imenso que se chama *exames vestibulares*. Fico pensando no enorme desperdício de tempo, energias e vida. Como disse o Charlie Brown, os que tirarem boas notas entrarão na universidade. Nada mais. Dentro de pouco tempo quase tudo que lhes foi aparentemente ensinado terá sido esquecido. Não por burrice. Mas por inteligência. O corpo não suporta carregar o peso de um conhecimento morto que ele não consegue integrar com a vida.

Uma boa forma de testar a validade desse sofrimento enorme que se impõe aos jovens seria submeter os professores universitários ao mesmo vestibular por que os adolescentes têm de passar. Estou quase certo de que eu – e um número significativo dos meus colegas – não passaria. O que não nos desqualificaria como professores, mas que certamente revelaria o absurdo do nosso sistema educacional, como bem o percebeu Charlie Brown.

Um amigo, professor universitário nos Estados Unidos, me contou que seu filho, que sempre teve as piores notas em literatura, voltou um dia triunfante para casa, exibindo um A, nota máxima, numa redação. Surpreso, quis logo ler o trabalho do filho. E só de ler o título da redação compreendeu a razão do milagre. O título da redação era: "Por que odeio a minha escola".

"BOCA DE FORNO!"

– *Boca de forno!*
– *Forno!*
– *Furtaram um bolo!*
– *Bolo!*
– *Farão tudo o que seu mestre mandar?*
– *Faremos todos, faremos todos, faremos todos...*

A gente brincava assim quando era criança. O mestre cantava o refrão e os outros respondiam, repetindo a última palavra, como se fosse um eco. Sempre me perguntei sobre o sentido dessas palavras. E, por mais que me esforçasse, nunca encontrei sentido algum. É puro *nonsense*, e imagino que essa brincadeira bem que poderia figurar entre os absurdos por que Lewis Carroll fez a pobre Alice passar nas suas aventuras pelo *País das maravilhas* e no *País do espelho*.

Mas todo absurdo é apenas o avesso de uma coisa que parece lógica e racional, como o lado de trás de uma tapeçaria, escondido contra a parede. O absurdo é o avesso do mundo. Aí fiquei a me perguntar: "Esse absurdo é o avesso de quê?".

Veio-me, então, uma iluminação repentina: não deve ter sido por acidente que o inventor dessa brincadeira, quem quer que tenha sido, deu o nome de mestre ao líder que canta o refrão, pedindo a resposta-eco-repetição das crianças. Ele deve ter sido um arguto observador das escolas, e por medo de que o seu filho viesse a ser punido por aquilo que ele, pai, estava dizendo, inventou esse brinquedo, como uma parábola. O que é, precisamente, o caso das loucas estórias de Lewis Carroll. Professor da Universidade de Oxford, via os absurdos que ali aconteciam. Mas se os dissesse em linguagem clara, certamente ganharia o ódio dos colegas e a ira das autoridades, e acabaria por perder o emprego. Por isso, ele os disse de forma matreira, dissimulada: brincadeira de criança... No mundo das crianças todos os absurdos são permitidos.

Acho que essa brincadeira é uma repetição do que acontece nas escolas. As crianças são ensinadas. Aprendem bem. Tão bem que se tornam incapazes de pensar coisas diferentes. Tornam-se ecos das receitas ensinadas e aprendidas. Tornam-se incapazes de dizer o diferente. Se existe uma forma certa de pensar e de fazer as coisas, por que se dar ao trabalho de se meter por caminhos não explorados? Basta repetir aquilo que a tradição sedimentou e que a escola ensinou. O saber sedimentado nos poupa dos riscos da aventura de pensar.

Não, não sou contrário a que se ensinem receitas já testadas. Se existe um jeito fácil e rápido de amarrar os cordões dos sapatos, não vejo razão alguma para submeter o aluno às dores de inventar um jeito diferente. Se existe um jeito já testado e gostado de fazer moqueca, não vejo razões por que cada cozinheiro se sinta na obrigação de estar sempre inventando receitas novas. O saber já testado tem uma função econômica: a de poupar trabalho, a de evitar erros, a de tornar desnecessário o pensamento. Assim, aprende-se para não precisar pensar. Sabendo-se a receita, basta aplicá-la quando surge a ocasião.

Senti isso muitas vezes, tentando pensar com minha filha problemas de matemática. É preciso confessar que isso já faz muito tempo, pois o que me restou de matemática já não me permite nem mesmo entender os símbolos que ela maneja. Claro que minha maneira de pensar era diferente da maneira de pensar hoje. No meu tempo ainda se cantava a tabuada... Mas o que me impressionava era a sua recusa de, pelo menos, considerar a possibilidade de que um mesmo problema pudesse ser resolvido por caminhos diferentes. Ela havia aprendido que há uma maneira certa de fazer as coisas, e que caminhos diferentes só podem estar errados. A conversa era sempre encerrada com a afirmação: "Não é assim que a professora ensina...".

É como nos catecismos religiosos: o mestre diz qual é a pergunta e qual é a resposta certa. O aluno é aprovado quando repete a resposta que o professor ensinou.

A letra mudou. Mas a música continua a mesma.

Pois não é isso que são os vestibulares? Ao final existe o gabarito: o conjunto das respostas certas. Claro que há respostas certas e erradas. O equívoco está em se ensinar ao aluno que é disso que a ciência, o saber, a vida são feitos. E, com isso, ao aprender as respostas certas, os alunos desaprendem a arte de se aventurar e de errar, sem saber que, para uma resposta certa, milhares de tentativas erradas devem ser feitas. Espero que haja um dia em que os alunos sejam avaliados também pela ousadia de seus voos! Teses serão aprovadas a despeito do seu final insólito: "Assim, ao fim de todas estas pesquisas, concluímos que todas as nossas hipóteses estavam erradas!". Pois isso também é conhecimento.

Escondidos em meio à vegetação da floresta, observávamos a anta que bebia à beira da lagoa. Suas costas estavam feridas, fundos cortes onde o sangue ainda se via. O guia explicou. "A anta é um animal apetitoso, presa fácil das onças. E sem defesas. Contra a onça ela só dispõe de uma arma: estabelece uma trilha pela floresta, e dela não se afasta. Esse caminho passa por baixo de um galho de árvore, rente às suas costas. Quando a onça ataca e crava dentes e garras no seu lombo, ela sai em desabalada corrida por sua trilha. Seu corpo passa por baixo do galho. Mas não a onça, que recebe uma paulada. E assim, a anta tem uma chance de fugir."

Acho que a educação frequentemente cria antas: pessoas que não se atrevem a sair das trilhas aprendidas, por medo da onça. De suas trilhas sabem tudo, os mínimos detalhes, especialistas. Mas o resto da floresta permanece desconhecido. Pela vida afora vão brincando de "Boca de forno"...

O SAPO

Era uma vez um lindo príncipe por quem todas as moças se apaixonavam. Por ele também se apaixonou uma bruxa horrenda que o pediu em casamento. O príncipe nem ligou e a bruxa ficou muito brava. "Se não vai casar comigo, não vai se casar com ninguém mais!" Olhou fundo nos olhos dele e disse: "Você vai virar um sapo!". Ao ouvir essa palavra, o príncipe sentiu uma estremeção. Teve medo. Acreditou. E ele virou aquilo que a palavra de feitiço tinha dito. Sapo. Virou um sapo.

Bastou que virasse sapo para que se esquecesse de que era príncipe. Viu-se refletido no espelho real e se espantou:

"Sou um sapo. Que é que estou fazendo no palácio do príncipe? Casa de sapo é charco". E com essas palavras pôs-se a pular na direção do charco. Sentiu-se feliz ao ver lama. Pulou e mergulhou. Finalmente de novo em casa.

Como era sapo, entrou na escola de sapos para aprender as coisas próprias de sapo. Aprendeu a coaxar com voz grossa. Aprendeu a jogar a língua para fora para apanhar moscas distraídas. Aprendeu a gostar do lodo. Aprendeu que as sapas eram as mais lindas criaturas do universo. Foi aluno bom e aplicado. Memória excelente. Não se esquecia de nada. Daí suas boas notas. Até foi o primeiro colocado nos exames finais, o que provocou a admiração de todos os outros sapos, seus colegas, aparecendo até nos jornais. Quanto mais aprendia as coisas de sapo, mais sapo ficava. E quanto mais aprendia a ser sapo, mais se esquecia de que um dia fora príncipe. A aprendizagem é assim: para se aprender de um lado, há que se esquecer do outro. Toda aprendizagem produz o esquecimento.

O príncipe ficou enfeitiçado. Mas feitiço – assim nos ensinaram na escola – é coisa que não existe. Só acontece nas estórias da carochinha.

Engano. Feitiço acontece sim. A estória diz a verdade.

Feitiço: o que é? Feitiço é quando uma palavra entra no corpo e o transforma. O príncipe ficou possuído pela palavra que a bruxa falou. Seu corpo ficou igual à palavra.

A estória do príncipe que virou sapo é a nossa própria estória. Desde que nascemos, continuamente, palavras nos vão sendo ditas. Elas entram no nosso corpo, e ele vai se transformando. Virando uma outra coisa, diferente da que era. Educação é isto: o processo pelo qual os nossos corpos vão ficando iguais às palavras que nos ensinam. Eu não sou eu: eu sou as palavras que os outros plantaram em mim. Como o disse Fernando Pessoa: "Sou o intervalo entre o meu desejo e aquilo que os desejos dos outros fizeram de mim". Meu corpo é resultado de um enorme feitiço. E os feiticeiros foram muitos: pais, mães, professores, padres, pastores, gurus, líderes políticos, livros, TV. Meu corpo é um corpo enfeitiçado: porque o meu corpo aprendeu as palavras que lhe foram ditas, ele se esqueceu de outras que, agora, permanecem mal... ditas...

A psicanálise acredita nisso. Ela vê cada corpo como um sapo dentro do qual está um príncipe esquecido. Seu objetivo não é ensinar nada. Seu objetivo é o contrário: des-ensinar ao sapo sua realidade sapal. Fazê-lo esquecer-se do que aprendeu, para que ele possa lembrar-se do que esqueceu. Quebrar o feitiço. Coisa que até mesmo certos filósofos (poucos) percebem. A maioria se dedica ao refinamento da realidade sapal. Também os sapos se dedicam à filosofia... Mas Wittgenstein, filósofo para ninguém botar

35

defeito, definia a filosofia como uma "luta contra o feitiço" que certas palavras exercem sobre nós. Acho que ele acreditava nas estórias da carochinha...

Tudo isso apenas como introdução à enigmática observação com que Barthes encerra sua descrição das metamorfoses do educador. Confissão sobre o lugar onde havia chegado, no momento de velhice.

> Há uma idade em que se ensina aquilo que se sabe. Vem, em seguida, uma outra, quando se ensina aquilo que não se sabe. Vem agora, talvez, a idade de uma outra experiência: aquela de desaprender. Deixo-me, então, ser possuído pela força de toda vida viva: o esquecimento...

Esquecer para lembrar. A psicanálise nenhum interesse tem por aquilo que se sabe. O sabido, lembrado, aprendido é a realidade sapal, o feitiço que precisa ser quebrado. Imagino que o sapo, vez por outra, se esquecia da letra do coaxar, e no vazio do esquecimento surgia uma canção. "Desafinou!", berravam os maestros. "Esqueceu-se da lição", repreendiam os professores. Mas uma jovem que se assentava à beira da lagoa juntava-se a ele, num dueto... E o sapo, assentado na lama, desconfiava...

"Procuro despir-me do que aprendi", dizia Alberto Caeiro. "Procuro esquecer-me do modo de lembrar que me ensinaram, e raspar a tinta com que me pintaram os sentidos, desencaixotar minhas emoções verdadeiras, desembrulhar-me, e ser eu..."

Assim se comportavam os mestres zen, que nada tinham para ensinar. Apenas ficavam à espreita, esperando o momento de desarticular o aprendido para, através de suas rachaduras, fazer emergir o esquecido. É preciso esquecer para se lembrar. A sabedoria mora no esquecimento.

Acho que o sapo, tão bom aluno, tão bem educado, passava por períodos de depressão. Uma tristeza inexplicável, pois a vida era tão boa, tudo tão certo: a água da lagoa, as moscas distraídas, a sinfonia unânime da saparia, todos de acordo... O sapo não entendia. Não sabia que sua tristeza nada mais era que uma indefinível saudade de uma beleza que esquecera. Procurava que procurava, no meio dos sapos, a cura para sua dor. Inutilmente. Ela estava em outro lugar.

Mas um dia veio o beijo de amor – e ele se lembrou. O feitiço foi quebrado.

Uma bela imagem para um mestre! Uma bela imagem para o educador: fazer esquecer para fazer lembrar!

SOBRE VACAS E MOEDORES

Um amigo tinha um sítio. Colocou nele uma vaca. A vaca lhe dava uma enorme despesa. Teve de construir um estábulo, além de comprar uma picadeira de cana para a ração. As pessoas ajuizadas de sua família tentaram trazê-lo de volta à razão.

"Com as despesas todas que a vaca lhe dá, o leite dela é o mais caro da cidade! Seria mais barato e prático comprar o leite nos saquinhos plásticos."

Mas ele me confessava: "Eles não entendem... Eu não tenho a vaca por causa do leite. Eu tenho a vaca porque gosto de ficar olhando para ela, aqueles olhos tão mansos, aquele ar tão plácido, tão diferente das pessoas com quem lido... Tenho a vaca porque ela me faz ficar tranquilo".

Meu amigo sabia aquilo que os seus práticos familiares não sabiam: que uma vaca, além de ser um animal com vantagens práticas e econômicas, é um objeto onírico. As vacas nos fazem sonhar...

Havia, na casa do meu avô, um quadro bucólico. Era um campo, com grandes paineiras floridas ao fundo e algumas vacas que mansamente pastavam. Eu, menino, gostava de ficar ali, olhando o quadro. E me imaginava assentado à sombra das paineiras gozando a felicidade de ter como companhia apenas as vacas, que nada pediam de mim. Não existe nelas nenhuma ética, nenhum comando. Nada querem fazer, além de comer o capim verde.

Já os cavalos provocam sonhos diferentes: criaturas selvagens, cheias de uma beleza enérgica, relincham num desafio para as corridas desabaladas e o vigoroso bater das patas no chão. O relinchar de um cavalo é um grito de guerra. Mas o mugido de uma vaca, apito rouco de um navio vagaroso, soa como uma oração *de profundis*...

Acho que foi por isso, por essa sabedoria filosófica com que as vacas nos fazem sonhar que os hindus as elegeram como seres sagrados. As vacas parecem estar em paz com a vida – muito embora o seu destino possa ser trágico.

Trágico não por causa delas, mas por causa dos homens, que pouco se comovem com seus olhos mansos. Cecília Meireles colocou num verso essa condição bovina como paradigma da condição humana: "Sede assim – qualquer coisa serena, isenta, fiel, igual ao boi que vai com inocência para a morte".

Pois bois e vacas, esvaziados de suas belas e inúteis funções oníricas pelos homens práticos, estão destinados ao corte.

Passei pelo açougue, lugar onde se realiza o destino das vacas. Um açougue é o lugar onde a mansidão bovina é transformada em utilidade comercial. Para serem úteis elas têm de morrer. Sobre um balcão, um moderníssimo moedor de carne. O açougueiro, afiando sem parar a sua faca, corta as carnes que, um dia, pastaram à sombra das paineiras.

Por um buraco à direita entram os pedaços de carne. Ligada a máquina, giram as engrenagens invisíveis que trituram a carne. Operação necessária para que a vaca se torne útil ao homem. Em sua placidez filosófica, a vaca não é útil a ninguém, apenas a ela mesma. É preciso que a máquina a transforme numa outra coisa para ser útil ao homem. Na outra extremidade do moedor elétrico há um disco cheio de orifícios. Por eles esguicha a carne moída, que vai caindo em uma bandeja. Terminada a operação, o açougueiro toma um punhado de carne e o coloca sobre um pedaço de plástico e, por meio de uma manipulação destra, enrola-o na forma de um rolo, como se fosse um salame. E assim vai repetindo. Sobre o balcão os rolos vão se acumulando, todos iguais, um ao lado do outro.

Tentei conversar com os rolos de carne moída. Perguntei-lhes se sentiam saudades dos pastos, dos riachos, das paineiras floridas... Mas parece que haviam se esquecido de tudo. "Pastos, riachos, paineiras – o que é isso?" Parece que a máquina de moer carne tem o poder de produzir amnésia. Perguntei-lhes então sobre os seus sonhos. E me responderam: "hambúrgueres, McDonald's, Bob's, churrascos". Só sabiam falar de sua utilidade social. E até falavam inglês...

Meditei sobre o destino das vacas. Fiquei poeta. A gente fica poeta quando olha para uma coisa e vê outra. É isso que tem o nome de metáfora. Olhei para a carne cortada, o moedor, os rolinhos, e vi uma outra: escolas! Assim são as escolas... As crianças são seres oníricos, seus pensamentos têm asas. Sonham sonhos de alegria. Querem brincar. Como as vacas de olhos mansos, são belas, mas inúteis. E a sociedade não tolera a inutilidade. Tudo tem de ser transformado em lucro. Como as vacas, elas têm de passar pelo moedor de carne. Pelos discos furados, as redes curriculares, seus corpos e pensamentos vão passando. Todas são transformadas numa pasta homogênea. Estão preparadas para se tornar socialmente úteis.

E o ritual dos rolos em plástico? Formatura. Pois formatura é isto: quando todos ficam iguais, moldados pela mesma fôrma.

Hoje, quando escrevo, os jovens estão indo para os vestibulares. O moedor foi ligado. Dentro de alguns anos estarão formados. Serão profissionais. E o que é um profissional se não um corpo que sonhava e que foi transformado em ferramenta? As ferramentas são úteis. Necessárias. Mas – que pena – não sabem sonhar...

"EU, LEONARDO"

Minhas habilidades técnicas não são das piores. Eu mesmo, com serra, furadeiras e parafusos, construí as estantes do meu escritório. E até que elas me agradam, quando vistas de longe. O importante é não examinar os detalhes, pois aí me falha a fineza artesanal. De vez em quando conserto uma fechadura enguiçada e consegui mesmo reconstruir uma torradeira elétrica que havia se espatifado no chão. Minha inclinação para lidar com a construção e a reconstrução de coisas se manifestou pela primeira vez quando eu tinha apenas sete anos, ocasião em que desmontei o relógio velho de minha mãe para ver como ele era feito, evidentemente com a intenção de montá-lo de novo.

Infelizmente esta segunda parte da minha experiência em mecânica não pôde ser realizada, pois eu me esqueci da ordem em que as peças deviam ser ajuntadas. Meus pais, ao invés de ficarem bravos, ficaram orgulhosos, pois viram no meu ato uma inegável vocação para engenharia. Minha competência para matemática, que se revelou logo no curso primário, confirmou esse diagnóstico, e ninguém duvidava, nem mesmo eu, de que no futuro eu seria um brilhante engenheiro.

Mas a vida nos conduz por caminhos não previstos, e em vez de desenvolver minha competência na direção da técnica, acabei por me meter numa área totalmente diferente, onde a coisa mais impossível de se fazer é um artefato técnico. Do ponto de vista da técnica, sou totalmente inútil e incompetente – o que me condenou à posição marginal de alguém incapaz de produzir as coisas que fazem a glória e a riqueza do nosso mundo. Minha ignorância das coisas da tecnologia avançada – como este computador em que escrevo esta crônica – é absoluta, e os princípios científicos que tornaram possível sua fabricação me são um mistério absoluto. Quero, portanto, deixar manifesta minha admiração – mais do que isso, minha inveja – por aqueles que são os magos-construtores deste mundo tecnológico em que vivemos.

Se eu tivesse entrado pelos caminhos da tecnologia, um lugar onde gostaria de trabalhar é na IBM. Porque, se não estou equivocado, a IBM é uma das mais altas e perfeitas manifestações do espírito tecnológico, na sua maior pureza. Tudo o que ela faz é (quase) perfeito. Digo "quase" porque, paradoxalmente, perfeição tecnológica só pode existir no campo do pensamento puro. As coisas produzidas, por maior que seja o controle de qualidade, têm sempre imperfeições. Os aviões caem, os computadores são infestados por vírus, os metais se rompem de fadiga. Para nós, "quase" perfeito já está muito bom.

Mas a IBM me surpreendeu quando descobri que ela também está interessada na beleza. Gastou dinheiro para produzir um dos vídeos mais lindos que já vi, comovente e inspirador, sobre a vida de Leonardo da Vinci, um dos maiores gênios da história da humanidade. *Eu, Leonardo...* Mente inquieta, incontrolável, indomável, dominada pelo fascínio do mundo – seus olhos e seu pensamento não conseguiam descansar ante os infinitos objetos do mundo, existentes e por existir. Julgava a pintura a suprema das artes, pois por meio dela se podia captar visualmente a harmonia da natureza, construída segundo os princípios da matemática. Estudou anatomia, para entender os princípios mecânicos segundo os quais o corpo humano – esta máquina perfeita – era construído. Músico, fazia seus próprios instrumentos, compunha, tocava e improvisava os poemas que cantava. Arquiteto, fez planos para uma cidade ideal, em que as casas fossem construídas segundo os princípios da beleza, banhadas de luz, e em que houvesse vias especiais para os pedestres e outras para os veículos. Imaginava máquinas. O seu pensamento voava tão longe que a tecnologia existente não era capaz de produzir aquilo que ele imaginava – e por isso elas permaneceram apenas como projetos, no papel. Estudou o voo dos pássaros, a fim de construir uma máquina que desse aos homens o poder de voar. Sonhou com navios que navegassem debaixo das águas, como os peixes. Observava o tempo e os seus sinais, para compreender os princípios da meteorologia. Estudava a água, que acreditava ser o princípio vital do universo. Observava os fósseis, e concluiu que em passados remotos o cume das montanhas havia estado submerso nas águas. Fascinava-se com os cavalos, para ele os mais belos animais, depois dos homens, e fez estudos sobre a sua estética.

O que era Leonardo? Pintor, músico, arquiteto, poeta, engenheiro, geólogo, biólogo? Todas essas coisas. Dentro do seu corpo vivia um universo. Homem universal, ele foi a encarnação, num único corpo, do ideal da universidade como o lugar onde os homens se reúnem para, dando asas à imaginação, encontrar o deleite na visão, na compreensão e na harmonia com o mundo.

Foi então que me veio uma ideia maluca: se Leonardo da Vinci estivesse vivo hoje, será que teria conseguido um emprego na IBM? Para começar, o seu *curriculum vitae* provocaria suspeitas. Um homem com interesses que vão da estética dos cavalos à construção de máquinas voadoras não parece regular bem. Mas suponhamos que ele conseguisse o emprego. Imagino uma situação prática: seu chefe lhe pede um relatório sobre um projeto de pesquisa e ele responde que no momento isso não é possível, porque está se dedicando a um projeto estético por que se apaixonou – a pintura de um quadro. É. Acho que Leonardo da Vinci não teria vida longa nem como funcionário da IBM, nem como professor de uma das nossas universidades.

Espero que meus amigos da IBM me entendam. Que não tomem isto como nada de pessoal. A relação é puramente acidental. Primeiro, porque foi ela que fez o maravilhoso vídeo sobre o Leonardo. Segundo, porque eu, de fato, acredito que a IBM representa o que há de mais alto no mundo técnico. Uso a IBM apenas como metáfora e representante da lógica da produção organizacional da tecnologia, que pode assim ser resumida: "organizações de produção de tecnologia não toleram Leonardos".

Controle de qualidade tornou-se uma expressão da moda. O que ela significa é muito simples: há de haver mecanismos que garantam que o produto final desejado esteja o mais próximo possível da perfeição com que ele foi idealizado. É isto, por exemplo, que se espera de um bom restaurante: que o prato que é servido corresponda ao prato que é prometido. No campo tecnológico o produto final tem de corresponder às especificações, tais como saíram das cabeças dos engenheiros que o pensaram. É somente assim que se garante qualidade uniforme e confiável aos produtos.

Acontece, entretanto, que a parte mais importante desse processo não é o *controle de qualidade* dos produtos mas o *controle de qualidade* do pensamento. É do pensamento que nascem os produtos. O mundo começa não na máquina, mas na inteligência. Por isso, ao lado dos mecanismos de controle técnico, as organizações, de há muito, aprenderam que é preciso controlar o pensamento. No seu fascinante livro *O homem-organização* (*The organization man*, Nova York, Simon & Schuster, 1956), William H. Whyte Jr. descreve tal processo como a domesticação do gênio. O cientista deve abandonar a sua imaginação divagante que o leva a andar pelos caminhos do seu próprio fascínio (*idle imagination*) e tornar-se uma função dos objetivos determinados pelos interesses da instituição que o emprega. Deve ser *company conscious*. Se o que a companhia deseja é a produção de tomates enlatados, o seu pensamento deve pensar tomates enlatados, o tempo todo.

Gastar tempo pensando em música, jardinagem, política, ecologia, é uma doença a ser evitada a todo custo, em benefício do *controle de qualidade* do pensamento. Em outras palavras: *controle de qualidade* do pensamento é cortar as asas da imaginação a fim de que ele marche ao ritmo dos tambores institucionais. O pensamento se tornará excelente ao preço de perder a sua liberdade. Isso vale para a IBM e para todas as instituições de excelência tecnológica. Inclusive as universidades.

Quanto a Leonardo da Vinci, ele deverá se contentar em ficar desempregado.

LAGARTAS E BORBOLETAS

Escrevi sobre príncipes e sapos, sobre vacas e moedores, sobre o Leonardo e a IBM... Tudo aparentemente tão diferente. E, no entanto – não sei se vocês perceberam –, falei o tempo todo sobre uma mesma coisa. Fiz aquilo que os músicos gostam de fazer: "Variações" sobre um único tema. Meu tema? O corpo: o meu corpo, o seu corpo, o corpo do seu filho ou de sua filha, o corpo do seu aluno.

O corpo é o lugar fantástico onde mora, adormecido, um universo inteiro. Como na terra moram adormecidos os campos e suas mil formas de beleza, e também as monótonas e previsíveis monoculturas; como na lagarta mora adormecida uma borboleta, e na borboleta, uma lagarta; como nos sapos moram príncipes e nos príncipes moram sapos; como em obedientes funcionários que fazem o que a eles se pede moram Leonardos que voam pelos espaços sem fim dos sonhos...

Tudo adormecido... O que vai acordar é aquilo que a Palavra vai chamar. As palavras são entidades mágicas, potências feiticeiras, poderes bruxos que despertam os mundos que jazem dentro dos nossos corpos, num estado de hibernação, como sonhos. Nossos corpos são feitos de palavras... Assim, podemos ser príncipes ou sapos, borboletas ou lagartas, campos selvagens ou monoculturas, Leonardos ou monótonos funcionários.

Diferentemente dos corpos dos animais, que nascem prontos ao fim de um processo biológico, os nossos corpos, ao nascer, são um caos grávido de possibilidades à espera da Palavra que fará emergir, do seu silêncio, aquilo que ela invocou. Um infinito e silencioso teclado que poderá tocar dissonâncias sem sentido, sambas de uma nota só, ou sonatas e suas incontáveis variações...

A este processo mágico pelo qual a Palavra desperta os mundos adormecidos se dá o nome de educação. Educadores são todos aqueles que têm esse poder. É por isso que a educação me fascina. Hoje o que fascina é o poder dos técnicos, que sabem o segredo das transformações da matéria em artefatos. Poucos se dão conta de que fascínio muito maior se encontra no poder da Palavra para fazer as metamorfoses do corpo. É no lugar onde a Palavra faz amor com o corpo que começam os mundos... É por isso que compartilho da opinião de Hermann Hesse, que dizia que entre os problemas da cultura moderna a escola era o único que levava a sério.

Mas é preciso não ter ilusões. A Palavra tanto pode invocar príncipes quanto sapos, tanto pode acordar borboletas quanto lagartas... A educação pode ser um feitiço que nos faz esquecer o que somos, a fim de nos recriar à imagem e semelhança de um Outro. O que me faz lembrar um mural de Orozco, pintor mexicano que passou anos ensinando sua arte num *college* norte-americano. Foi certamente inspirado pelo que via acontecendo diariamente com os moços que frequentavam as melhores (notem bem, eu disse "melhores") escolas, que pintou *A formatura*: um professor, alto, magro, cadavérico, verde, entrega a seu discípulo, também alto, magro, cadavérico, verde, a prova final do seu saber: o diploma, um feto morto, dentro de um tubo de ensaio. Se isso for verdade, se o que o processo educativo faz não é despertar e fazer brotar os universos selvagens que moram em nós, mas antes espalhar herbicidas para depois plantar as sementes da monocultura (afinal de contas, cada corpo deve ser útil socialmente...) que um Outro ali semeia, então o caminho da verdade exige um esquecimento: é preciso esquecer-se do aprendido, a fim de se poder lembrar daquilo que o conhecimento enterrou. Drummond, no poema que escreveu para o seu neto, dizia-lhe que muitas leis lhe seriam ensinadas, leis que deveriam ser esquecidas para que ele pudesse aprender leis mais altas. A cigarra tem de abandonar nos troncos das árvores a sua casca velha com que andou nos anos de vida subterrânea, a fim de se tornar um ser alado.

A miséria da educação não aparece onde ela é pior. Sua miséria se revela justamente onde ela é excelente. Pois, quando é que dizemos que ela é excelente? Justamente ali onde ela consegue, com competência, "administrar a qualidade" dos corpos que deseja transformar. E que transformação é essa que se deseja? Quem dá a resposta de maneira mais clara e direta é Clark Kerr, presidente da Universidade de Berkeley, durante a crise estudantil que a agitou no início dos anos 1960. Estas são as suas palavras: "A universidade é uma fábrica para a produção de conhecimento e de técnicos a serviço das muitas burocracias da sociedade". Coisa que Nietzsche havia percebido muito antes, o que indica que essa tendência da educação não é coisa nova. "O que as escolas superiores na Alemanha realmente realizam é um treinamento brutal, com o objetivo de preparar vastos números de jovens, com a menor perda possível de tempo, para se tornarem usáveis e abusáveis a serviço do governo."

Não importa o nome que se dê a esse Outro, para quem as crianças e os jovens são moldados. Não importa o retorno econômico que se possa obter ao fim desse processo. Permanece um fato fundamental: que ele só se realiza ao preço da morte dos universos que um dia viveram, como possibilidades adormecidas, no corpo das crianças: todo Leonardo deve se transformar em funcionário, toda borboleta deve se transformar numa lagarta, todo campo selvagem deve se transformar em monocultura... Não é de admirar, portanto, que as pessoas passem as suas vidas com a estranha sensação de que não era bem aquilo que desejavam. Elas foram transformadas em alguma coisa diferente dos seus sonhos, e essa traição condenou-as à infelicidade. Só lhes resta então repetir o verso de Paulo Leminski:

> *Ai daqueles que não morderam o sonho*
> *e de cuja loucura*
> *nem mesmo a morte os redimirá.*

BOLINHAS DE GUDE

Nada melhor para se sonhar que contemplar uma criança a brincar. Olho para minha neta brincando com três bolinhas de gude. Meus pensamentos ficam leves como bolhas de sabão. Já me advertiram de que é inútil falar sobre netos porque os outros ou não têm netos, ou têm. Se têm netos, depois do que a gente conta eles sempre dizem: "Mas isto não é nada...". E se eles não têm netos, ficam espantados com a bobeira da gente. Resolvi correr o risco de desobedecer ao conselho, pois não é sobre minha neta que vou falar. Vou falar sobre minhas bolhas de sabão, os sonhos que tenho quando a vejo brincar.

A Mariana me fez pensar pensamentos que eu não havia pensado... Talvez os tivesse pensado mas não tivesse tido coragem de dizê-los, por parecerem tolos. Mas agora sou avô e aos avós uma dose de tolice é permitida. Há um poema, sobre cuja autoria há controvérsia, em que o autor fala do arrependimento de não ter sido mais tolo do que fora. Eu não quero morrer com esse arrependimento. Pois, o que é um tolo? É apenas uma pessoa que ousa pensar pensamentos diferentes daqueles que a maioria pensa e repete. Aos tolos se aplica aquele aforismo de T.S. Eliot: "Num país de fugitivos, aquele que anda na direção contrária parece estar fugindo". Os tolos são aqueles que andam na direção contrária.

Quando eu era pai jovem, não via as coisas do jeito como as vejo agora. Por isso meus pensamentos tratavam de preparar um futuro para os meus filhos. Claro, era o meu futuro, o futuro que eu sonhava. Não compreendia que os sonhos que saem das crianças não são os sonhos que os adultos sonham. Os sonhos que brotam das crianças colocam os nossos de cabeça para baixo. E que pai e que mãe não se horroriza ante essa possibilidade? Assim tratei de proteger-me: em vez de sonhar com eles os sonhos deles, cuidei de embrulhá-los nos meus próprios sonhos, para poder dormir melhor. Se pudesse viver de novo, olharia para meus filhos com olhos de avô. Mas quando pai jovem essa felicidade me foi negada. Eu tinha muitas certezas sobre como a vida deve ser vivida para me permitir esse exercício de loucura.

Quando se fica avô a gente ganha a permissão para sonhar os sonhos das crianças. Já não nos compete planejar o seu futuro e se ganha então a liberdade de se entregar ao delicioso e irresponsável gozo do presente: uma menininha brincando com três bolinhas de gude. E é no momento presente que afloram os nossos sonhos mais verdadeiros.

Espero que tenham percebido que não estou lidando com coisas fofas deliciosamente tolinhas que não podem ser levadas a sério. Talvez pareçam tolas. Talvez pareçam vazias de qualquer coisa que mereça a nossa atenção. Afinal de contas, papai e mamãe sabem mais, pois passaram pela escola, e sabem as coisas da vida. Será mesmo? A tolice das crianças, talvez, seja idêntica ao absurdo dos sonhos. Para aqueles que não entendem a sua língua e não possuem a chave que abre as portas de sua sabedoria enigmática, os sonhos são, de fato, nada mais que loucas e insignificantes perturbações do sono. Mas para aqueles que se dão ao trabalho de decifrá-los, eles contêm revelações de uma sabedoria perdida. Crianças são sonhos. Sob a sua mansa aparência infantil se esconde o segredo de nossa felicidade perdida. Pois não é verdade que alguma coisa se perdeu quando deixamos de ser crianças?

Muitos sábios e filósofos estiveram convencidos de que nas crianças mora um saber que precisa ser recuperado, a fim de sermos curados da nossa infelicidade. Conta-se que Buber, numa ocasião em que estava sendo homenageado, cansado da fala grave e séria dos filósofos, observou: "Nunca consigo aprender coisa alguma dos adultos. Quando quero aprender algo novo tenho de me misturar com as crianças". Nietzsche também se voltava para as crianças como símbolos do nosso destino. Pois, em suas palavras, "a criança é inocência e esquecimento, um novo princípio, um brinquedo, um moto-contínuo, um primeiro movimento, um Sim sagrado à vida". Groddeck, um dos inventores da psicanálise, afirmava que apenas o artista, o poeta e a criança conhecem o segredo da harmonia com a vida. "O mundo da infância é o reino perdido, o universo mítico em torno do qual gira toda a existência humana." Toda a vida adulta é uma negação da infância. Daí a nossa infelicidade. "Se a infância é o lugar da integridade do homem, a vida constitui uma aspiração a esta integridade. O objetivo da vida é ser criança." E há também o preceito evangélico que ninguém leva a sério (não é possível que Jesus pensasse aquilo, literalmente: de que se não nos transformarmos radicalmente e não deixarmos de ser adultos, para voltarmos a ser crianças, não poderemos ver o Reino de Deus). Somente as crianças sabem o essencial, sem necessidade de palavras para dizê-lo.

O normal é ver as crianças como aquelas que precisam ser ensinadas, seres inacabados que, à semelhança do Pinóquio, só se tornam pessoas de carne e osso depois de serem submetidos às nossas artimanhas pedagógicas. Como tolo, estou sugerindo caminhar na direção contrária: que os mestres se transformem em aprendizes, que os adultos se disponham a aprender das crianças. Uma filosofia da educação às avessas, como naquele poema de Alberto Caeiro, sobre a divina criança.

A mim [a criança] ensinou-me tudo.
Ensinou-me a olhar para as coisas.
Aponta-me todas as coisas que há nas flores.
Mostra-me como as pedras são engraçadas
quando a gente as tem na mão
e olha devagar para elas. (...)
A Criança Eterna acompanha-me sempre.
A direção do meu olhar é o seu dedo apontando.
O meu ouvido atento alegremente a todos os sons
são as cócegas que ela me faz,
brincando, nas orelhas. (...)
Ela dorme dentro da minha alma
e às vezes acorda de noite
e brinca com os meus sonhos.
Vira uns de perna para o ar,
Põe uns em cima dos outros
e bate as palmas sozinha
sorrindo para o meu sono. (...)

A Criança Nova que habita onde vivo
dá-me uma mão a mim
e a outra a tudo que existe
e assim vamos os três pelo caminho que houver,
saltando e cantando e rindo
e gozando o nosso segredo comum
que é o de saber por toda a parte
que não há mistério no mundo
e que tudo vale a pena.

Olho para minha neta com os olhos e o coração de avô, como quem olha para o seu próprio sonho. Fecho os meus livros de filosofia da educação (eruditos e complicados) e me disponho àquele exercício aconselhado por Barthes, já na idade de avô: o exercício do esquecimento. É preciso esquecer o aprendido que nos fez adultos para se ver o mundo com novos olhos.

UM CORPO COM ASAS

Casulos... Vários deles apareceram colados à parede de minha casa. Lá dentro, eu sabia, encontravam-se lagartas que dias antes haviam comido folhas das plantas do meu jardim. Enquanto dormiam, espantosas transformações aconteciam com os seus corpos. As criaturas aladas que antes moravam nelas apenas como sonhos estavam se tornando realidade. Metamorfoses. Eu os deixei onde estavam, intocados, e vigiei, pois não queria perder o evento mágico. Tive sorte. Pude ver o momento em que um dos casulos se rompeu. Tímida, fraca e desajeitada, sem saber direito o que fazer com a sua nova forma, uma borboleta apareceu. Suas asas se abriram, mostrando delicados desenhos coloridos. O tempo não me permitiu ficar para ver tudo. Quando voltei, ela não estava mais lá. Seguira seu novo destino de voar à procura de flores. Se o mundo da lagarta não era maior que a folha que comia, o universo da borboleta era o jardim inteiro. Iria, flutuando ao vento, por espaços com que uma lagarta não podia sonhar.

Pois é: a Mariana também está saindo do casulo. A cada dia que passa vejo suas asas crescerem: novos desenhos, novas cores, voos cada vez mais distantes. Está se transformando em borboleta.

Não! BorboLETRA.

Ela aprendeu a falar, e as palavras lhe deram asas.

Até se esqueceu das bolinhas. De repente elas ficaram pouco para o muito que cresceu dentro de sua cabeça.

Enquanto brincava com as bolinhas ela não era muito diferente de um gatinho que também gosta de brincar com bolinhas. Seu corpo se movia colado às coisas, rente ao chão. Mas ao aprender a usar as palavras ela começou a voar por espaços infinitos, como a borboleta.

Palavras, coisas etéreas e fracas, meros sons. No entanto, é delas que o nosso corpo é feito. O corpo é a carne e o sangue metamorfoseados pelas palavras que aí moram. Os poetas sagrados sabiam disso e disseram que o corpo não é feito só de carne e sangue. O corpo é a Palavra que se fez carne: um ser leve que voa por espaços distantes, por vezes mundos que não existem, pelo poder do pensamento. Pensar é voar. Voar com o pensamento é sonhar. Lembram-se das palavras de Valéry? "O pensamento é o trabalho que faz viver em nós aquilo que não existe." E ele pergunta: "Mas que somos nós sem o socorro do que não existe?". É o poder de sonhar que nos torna humanos.

É nisto que a psicanálise acredita. Somos sonhos cobertos de carne. Por isso, diferentemente dos médicos, que apalpam, olham, examinam e medem os sintomas físicos do corpo, ela se dedica a ouvir as palavras. Pois é nelas que moram as coisas que não existem, os sonhos, os pensamentos que nos fazem voar. Sem prestar muita atenção ao rastejar da lagarta, ela procura ver a forma dos movimentos que a borboleta desenha no ar por meio das palavras. Ela sabe que o visível, a carne, é apenas uma fina superfície em cujo interior existe um mundo encantado. Corpo, lagoa... Na superfície, os reflexos do mundo de fora: as árvores, as nuvens, as montanhas... Mas se, libertados do fascínio dos olhos, pararmos para ouvir as palavras que saem de suas profundezas, como bolhas, poderemos ter vislumbres de criaturas invisíveis, peixes coloridos, catedrais submersas, plantas desconhecidas, histórias de amor e de terror.

A Mariana aprendeu a falar. Ela ganhou o poder de voar pelos mundos que moram nas palavras. Ouve estórias. Aquelas que sempre foram contadas: *Chapeuzinho Vermelho, Cinderela, Branca de Neve*... O mundo da sua fantasia se liberta dos limites do casulo. Pouco importa que nunca tenham acontecido, as estórias. "Se descreves o mundo tal qual é", dizia Tolstói, "não haverá em tuas palavras senão muitas mentiras e nenhuma verdade". As palavras nos dizem que estamos destinados a voar, a saltar sobre abismos, a visitar mundos inexistentes: "pontes de arco-íris que ligam coisas eternamente separadas".

Pelo poder da palavra
ela pode agora navegar com as nuvens,
visitar as estrelas,
entrar no corpo dos animais,
fluir com a seiva das plantas,
investigar a imaginação da matéria,
mergulhar no fundo de rios e de mares,
andar por mundos que há muito deixaram de existir,
assentar-se dentro de pirâmides e de catedrais góticas,
ouvir corais gregorianos,
ver os homens trabalhando e amando,
ler as canções que escreveram,
aprender das loucuras do poder,

passear pelos espaços da literatura, da arte, da filosofia, dos números, lugares onde o seu corpo nunca poderia ir sozinho... "Corpo espelho do universo! Tudo cabe dentro dele!"

Não é à toa que a Adélia Prado tenha dito que "erótica é a alma". Enganam-se aqueles que pensam que erótico é o corpo. O corpo só é erótico pelos mundos que moram nele. O erotismo não caminha segundo as direções da carne. Ele vive nos interstícios das palavras. Não existe amor que resista a um corpo vazio de fantasias. Um corpo vazio de fantasias é um instrumento mudo, do qual não sai melodia alguma. É por isso que Nietzsche disse que só existe uma pergunta a ser feita quando se pretende casar: "Continuarei a ter prazer em conversar com esta pessoa daqui a 30 anos?".

O corpo de uma criança é um espaço infinito onde cabem todos os universos. Quanto mais ricos forem esses universos, maiores serão os voos da borboleta, maior será o fascínio, maior será o número de melodias que saberá tocar, maior será a possibilidade de amar, maior será a felicidade.

Por vezes, entretanto, acontece uma metamorfose ao contrário: as borboletas voltam ao casulo e se transformam em lagartas. Porque voar é fascinante, mas perigoso. É preciso que não se tenha medo de flutuar sobre o vazio com asas frágeis. É mais seguro viver agarrado à folha que se come. E eu me pergunto sobre o que aconteceu conosco. Pois um dia fomos como a Mariana, borboletas aladas, em busca de espaços sem limites. Talvez, por medo, tenhamos abandonado as asas. Talvez, por medo, já não sejamos capazes de voar e sonhar. Gordas lagartas, que não têm coragem de se desprender das seguras folhas onde rastejam...

TUDO O QUE É PESADO FLUTUA NO AR

A mesa onde trabalho tem onze gavetas: cinco de cada lado e uma no meio. Nas gavetas laterais eu coloco as ideias que me aparecem, rabiscadas em pedaços de papel, cada uma delas no lugar que lhe pertence. Tem a gaveta da poesia, da psicanálise, das estórias infantis, da educação. Havendo tempo e desejo, a gente vai lá, põe tudo em ordem, e a bagunça vira um livro. A gaveta do meio é diferente. Nela eu não arquivo ideias. Guardo objetos, os mais estranhos e inesperados. Por exemplo, um saquinho de bolinhas de gude. Para quê? Não sei. Faz tempo que não jogo bolinhas de gude.

Acho que as guardei lá pela mesma razão que os namorados de outros tempos colocavam uma flor entre as páginas de um livro: para preservar um momento de felicidade perdido.

Junto com as bolinhas de gude moro eu, menino que só existe como saudade. De todas as gavetas, acho que essa é a que mais se parece com a nossa cabeça, baú entulhado com memórias de felicidades que tivemos. No mais das vezes tudo fica esquecido, na gaveta e no baú, pois as pressões da realidade deixam pouco tempo para o devaneio. Mas, vez por outra, uma imagem inesperada faz acordar os objetos adormecidos. Eles se mexem, vem a saudade, e a gente se põe a procurá-los. Não é por isso que temos álbuns de retratos? Arquivos paralisados de felicidades perdidas que retornam quando de novo os vemos.

Pois foi o que aconteceu com minhas bolinhas de gude. E a culpada foi a Mariana. Acontece que ela começou a descobrir o mundo, e dentre todas as infinitas formas que a natureza esbanja, foi das bolinhas que ela se enamorou. Via bolinhas em tudo: ervilhas, moedas, brincos, botões, cerejas, lua, estrelas. Com o seu dedinho ia apontando enquanto a boca repetia a palavra mágica. Foi então que me lembrei das minhas bolinhas de gude. Escarafunchei a gaveta da saudade e fiz-lhe esta espantosa revelação: também eu brincava com bolinhas.

Uma menininha e três bolinhas de gude. Ela brinca. Seus olhos e seus gestos revelam uma enorme alegria.

Pois há tantas coisas divertidas que podem ser feitas com bolinhas: podem ser roladas na mão, podem ser roladas no chão, podem ser jogadas para cima, podem ser batidas umas nas outras, podem ser escondidas. As bolinhas são suas professoras. Estão lhe dizendo: Vê? O mundo é assim, como nós, bolinhas, brinquedos. O mundo é um grande brinquedo.

Tantas coisas divertidas se pode fazer com ele. O mundo é para ser brincado. Os adultos não sabem, os professores não percebem: o mundinho da menina com as três bolinhas de gude resume tudo o que há de importante a ser aprendido: a vida é para ser brincada. Tudo o mais que se aprende, geografia, história, física, química, biologia, matemática, são bolinhas de gude: brinquedos, objetos de prazer.

Brinquedo não serve para nada. Terminado, guardam-se as bolinhas de gude no saquinho e o mundo continua como era. Nada se produziu, nenhuma mercadoria que pudesse ser vendida, não se ganhou dinheiro, não se ficou mais rico. Pelo contrário: perdeu-se. Perdeu-se tempo, perdeu-se energia. É por isso que os adultos práticos e sérios não gostam de brincar. O brinquedo é uma atividade inútil. E, no entanto, o corpo quer sempre voltar a ele. Por quê? Porque

O brinquedo, sem produzir qualquer utilidade, produz alegria. Felicidade é brincar. E sabem por quê? Porque no brinquedo nos encontramos com aquilo que amamos. No brinquedo o corpo faz amor com objetos do seu desejo. Pode ser qualquer coisa: ler um poema, escutar uma música, cozinhar, jogar xadrez, cultivar uma flor, conversa fiada, tocar flauta, empinar papagaio, nadar, ficar de barriga para o ar olhando as nuvens que navegam, acariciar o corpo da pessoa amada – coisas que não levam a nada. Amar é brincar. Não leva a nada. Porque não é para levar a nada. Quem brinca já chegou. Coisas que levam a outras, úteis, revelam que ainda estamos a caminho: ainda não abraçamos o objeto amado. Mas no brinquedo temos uma amostra do Paraíso. Dizem que o trabalho enobrece. Poucos se dão conta de que ele embota, cansa e emburrece. É certo que Deus, Todo-Poderoso, trabalhou seis dias para criar o mundo. Foi o mesmo tempo que levou para tirar de dentro da gaveta dos seus sonhos as bolinhas de gude para a brincadeira da vida. Trabalhou para criar um lugar de deleite onde a vida atingisse sua expressão suprema: pura inutilidade, puro gozo, puro brinquedo. A única finalidade do saber adulto é permitir que a criança que mora em nós continue a brincar.

O mundinho da Mariana é muito pequeno. Não vai muito além dos seus braços e das suas perninhas que mal aprenderam a andar. Ela brinca com coisas: bolinhas de gude, bonecas, panelinhas. Nisso ela se parece muito com os gatinhos, cães, potros, que também gostam de brincar. Mas ela já tem uma coisa que eles não têm – uma varinha mágica de condão que fará toda a diferença: ela está aprendendo a falar. A alegria não está só quando ela tem as bolinhas em suas mãos. Ela ri ao falar o nome, mesmo que não haja bolinha alguma por perto: ela brinca com as palavras.

"Bolinha, bolinha, bolinha", ela diz. E seu rosto se ilumina. Pelo poder da palavra, ela é capaz de brincar com coisas ausentes. Já aprendeu o segredo da poesia. Pois o que é um poema? É claro que não é a coisa. Se o poema fosse a coisa, ele seria supérfluo, desnecessário, pura tautologia. O poema é um objeto impossível que construímos pela magia do jogo das palavras.

Isso mesmo: jogo das palavras: palavras são brinquedos. "O silêncio verde dos campos..." Onde já se viu isso? Silêncio verde não existe. Mas o poeta brinca com as palavras e o silêncio verde aparece. Quando a Mariana chama as ervilhas e as estrelas pelo mesmo nome, bolinha, ela revela já haver aprendido a transformação básica da fala poética, a metáfora. Pois tanto poderá ver o seu prato cheio de estrelas como poderá ver o céu como um prato divino cheio de ervilhas. E não digam que estou indo longe demais, pois foi assim mesmo que surgiu o nome Via Láctea – as infinitas gotas do leite espirrado do seio de uma mãe divina sobre o firmamento.

Pois é: ela aprendeu a falar. E ao falar aprendeu a brincar com as palavras. E ao aprender a brincar com as palavras, ela aprendeu a brincar com coisas que não existem. E ao aprender a brincar com coisas que não existem, aprendeu a pensar! Lembre-se do que disse Valéry: "O pensamento é o trabalho que faz viver em nós aquilo que não existe!".

Pense sobre isso: um chato é uma pessoa que não sabe brincar com o inexistente. É aquela pessoa que, depois de ouvir a piada que faz todo mundo rir, faz a pergunta: "Mas isso aconteceu mesmo?". Coitado. Só sabe brincar com bolinhas de vidro. Não sabe brincar com bolhas de sabão. O que me leva a enunciar o resumo de minha filosofia da educação, que só me ficou clara quando vi a Mariana brincando com as palavras: o professor é aquele que ensina a criança a fazer flutuar suas bolinhas de vidro dentro das bolhas de sabão. Tudo o que é pesado flutua no ar.

AS RECEITAS

Quando eu era menino, na escola, as professoras me ensinaram que o Brasil estava destinado a um futuro grandioso porque as suas terras estavam cheias de riquezas: ferro, ouro, diamantes, florestas e coisas semelhantes. Ensinaram errado. O que me disseram equivale a predizer que um homem será um grande pintor por ser dono de uma loja de tintas. Mas o que faz um quadro não é a tinta: são as ideias que moram na cabeça do pintor. São as ideias dançantes na cabeça que fazem as tintas dançarem sobre a tela.

Por isso, sendo um país tão rico, somos um povo tão pobre. Somos pobres em ideias. Não sabemos pensar. Nisso nos parecemos com os dinossauros, que tinham excesso de massa muscular e cérebros de galinha. Hoje, nas relações de troca entre os países, o bem mais caro, o bem mais cuidadosamente guardado, o bem que não se vende, são as ideias. É com as ideias que o mundo é feito. Prova disso são os tigres asiáticos, Japão, Coreia, Formosa, que, pobres de recursos naturais, enriqueceram por terem-se especializado na arte de pensar.

Minha filha me fez uma pergunta: "O que é pensar?". Disse-me que esta era uma pergunta que o professor de filosofia havia proposto à classe. Pelo que lhe dou os parabéns. Primeiro por ter ido diretamente à questão essencial. Segundo, por ter tido a sabedoria de fazer a pergunta, sem dar a resposta. Porque, se tivesse dado a resposta, teria com ela cortado as asas do pensamento. O pensamento é como a águia que só alça voo nos espaços vazios do desconhecido. Pensar é voar sobre o que não se sabe. Não existe nada mais fatal para o pensamento que o ensino das respostas certas. Para isso existem as escolas: não para ensinar as respostas, mas para ensinar as perguntas. As respostas nos permitem andar sobre a terra firme. Mas somente as perguntas nos permitem entrar pelo mar desconhecido.

E, no entanto, não podemos viver sem as respostas. As asas, para o impulso inicial do voo, dependem de pés apoiados na terra firme. Os pássaros, antes de saberem voar, aprendem a se apoiar sobre os seus pés. Também as crianças, antes de aprenderem a voar, têm de aprender a caminhar sobre a terra firme.

Terra firme: as milhares de perguntas para as quais as gerações passadas já descobriram as respostas. O primeiro momento da educação é a transmissão desse saber.

Nas palavras de Roland Barthes: "Há um momento em que se ensina o que se sabe...". E o curioso é que esse aprendizado é justamente para nos poupar da necessidade de pensar.

As gerações mais velhas ensinam às mais novas as receitas que funcionam. Sei amarrar os meus sapatos automaticamente, sei dar o nó na minha gravata automaticamente: as mãos fazem o seu trabalho com destreza enquanto as ideias andam por outros lugares.

Aquilo que um dia eu não sabia me foi ensinado; eu aprendi com o corpo e esqueci com a cabeça. E a condição para que minhas mãos saibam bem é que a cabeça não pense sobre o que elas estão fazendo. Um pianista que, na hora da execução, pensa sobre os caminhos que seus dedos deverão seguir, tropeçará fatalmente. Há a estória de uma centopeia que andava feliz pelo jardim, quando foi interpelada por um grilo: "Dona Centopeia, sempre tive curiosidade sobre uma coisa: quando a senhora anda, qual, dentre as suas cem pernas, é aquela que a senhora movimenta primeiro?". "Curioso", ela respondeu, "sempre andei, mas nunca me propus esta questão. Da próxima vez, prestarei atenção". Termina a estória dizendo que a centopeia nunca mais conseguiu andar.

Todo mundo fala, e fala bem.

Ninguém sabe como a linguagem foi ensinada, nem como foi aprendida. A despeito disso, o ensino foi tão eficiente que não preciso pensar para falar. Ao falar não sei se estou usando um substantivo, um verbo ou um adjetivo, e nem me lembro das regras da gramática. Quem, para falar, tem de se lembrar dessas coisas, não sabe falar. Há um nível de aprendizado em que o pensamento é um estorvo. Só se sabe bem com o corpo aquilo que a cabeça esqueceu. E assim escrevemos, lemos, andamos de bicicleta, nadamos, pregamos pregos, guiamos carros: sem saber com a cabeça, porque o corpo sabe melhor. É um conhecimento que se tornou parte inconsciente de mim mesmo. E isso me poupa do trabalho de pensar o já sabido. Ensinar, aqui, é inconscientizar.

O sabido é o não pensado, que fica guardado, pronto para ser usado como receita, na memória desse computador que se chama cérebro. Basta apertar a tecla adequada para que a receita apareça no vídeo da consciência. Aperto a tecla *moqueca*. A receita aparece no meu vídeo cerebral: panela de barro, azeite, peixe, tomate, cebola, coentro, cheiro-verde, urucum, sal, pimenta, seguidos de uma série de instruções sobre o que fazer.

Não é coisa que eu tenha inventado. Me foi ensinado. Não precisei pensar. Gostei. Foi para a memória. Esta é a regra fundamental desse computador que vive no corpo humano: só vai para a memória aquilo que é objeto de desejo. A tarefa primordial do professor: seduzir o aluno para que ele deseje e, desejando, aprenda.

E o saber fica memorizado de cor – etimologicamente, no coração –, à espera de que a tecla do desejo de novo o chame do seu lugar de esquecimento.

Memória: um saber que o passado sedimentou. Indispensável para se repetirem as receitas que os mortos nos legaram. E elas são boas. Tão boas que elas nos fazem esquecer que é preciso voar. Permitem que andemos pelas trilhas batidas. Mas nada têm a dizer sobre mares desconhecidos.

Muitas pessoas, de tanto repetir as receitas, metamorfosearam-se de águias em tartarugas. E não são poucas as tartarugas que possuem diplomas universitários.

Aqui se encontra o perigo das escolas: de tanto ensinar o que o passado legou – e ensinar bem – fazem os alunos se esquecerem de que o seu destino não é o passado cristalizado em saber, mas um futuro que se abre como vazio, um não saber que somente pode ser explorado com as asas do pensamento. Compreende-se então que Barthes tenha dito que, seguindo-se ao tempo em que se ensina o que se sabe, deve chegar o tempo quando se ensina o que não se sabe.

ENSINAR O QUE NÃO SE SABE

...E chega o momento quando o Mestre toma o discípulo pela mão, e o leva até o alto da montanha. Atrás, na direção do nascente, se veem vales, caminhos, florestas, riachos, planícies ermas, aldeias e cidades. Tudo brilha sob a luz clara do Sol que acaba de surgir no horizonte. E o Mestre fala:

Por todos estes caminhos já andamos. Ensinei-lhe aquilo que sei. Já não há surpresas. Nestes cenários conhecidos moram os homens. Também eles foram meus discípulos! Dei-lhes o meu saber e eles aprenderam as minhas lições. Constroem casas, abrem estradas, plantam campos, geram filhos... Vivem a boa vida cotidiana, com suas alegrias e tristezas. Veja estes mapas!

Com essas palavras ele toma rolos de papel que trazia debaixo do braço e os abre diante do discípulo.

Aqui se encontra o retrato deste mundo. Se você prestar bem atenção, verá que há mapas dos céus, mapas das terras, mapas do corpo, mapas da alma. Andei por estes cenários. Naveguei, pensei, aprendi. Aquilo que aprendi e que sei está aqui. E estes mapas eu lhe dou, como minha herança. Com eles você poderá andar por estes cenários sem medo e sem sustos, pisando sempre a terra firme. Dou-lhe o meu saber.

Aí o Mestre fica silencioso, olhando dentro dos olhos do discípulo. Ele quer adivinhar o que se esconde naquele olhar. Examina os seus pés. Nos pés sólidos se revela a vocação para andar pelas trilhas conhecidas. Quem sabe isso é tudo aquilo de que aquele corpo jovem é capaz! Quem sabe isso é tudo o que aquele corpo jovem deseja! Se assim for, talvez o melhor fosse encerrar aqui a lição e nada mais dizer.

Mas o Mestre não se contém e procura, nas costas do seu discípulo, prenúncios de asas – asas que ele imaginara haver visto como sonho, dentro dos seus olhos. O Mestre sabe que todos os homens são seres alados por nascimento, e que só se esquecem da vocação pelas alturas quando enfeitiçados pelo conhecimento das coisas já sabidas.

Ensinou o que sabia. Agora chegou a hora de ensinar o que não sabe: o desconhecido.

Volta-se então na direção oposta, o mar imenso e escuro, onde a luz do Sol ainda não chegou.

É este o seu destino.
Os poetas o tem sabido desde sempre:
A solidez, da terra,
monótona,
parece-nos fraca ilusão.
Queremos a ilusão do
grande mar,
multiplicada em suas malhas
de perigo.
(Cecília Meireles)

É preciso navegar. Deixando atrás as terras e os portos dos nossos pais e avós, nossos navios têm de buscar a terra dos nossos filhos e netos, ainda não vista, desconhecida.
(Nietzsche)

Mas para essa aventura meus mapas não lhe bastam. Todos os diplomas são inúteis. E inútil todo o saber aprendido. Você terá de navegar dispondo de uma coisa apenas: os seus sonhos. Os sonhos são os mapas dos navegantes que procuram novos mundos. Na busca dos seus sonhos você terá de construir um novo saber, que eu mesmo não sei... E os seus pensamentos terão de ser outros, diferentes daqueles que você agora tem.

O seu saber é um pássaro engaiolado, que pula de poleiro em poleiro, e que você leva para onde quer. Mas dos sonhos saem pássaros selvagens, que nenhuma educação pode domesticar.

Meu saber o ensinou a andar por caminhos sólidos. Indiquei-lhe as pedras firmes, onde você poderá colocar os seus pés, sem medo. Mas o que fazer quando se tem de caminhar por um rio saltando de pedra em pedra, cada pedra uma incógnita? Ah! Como é diferente o corpo movido pelo sonho, do corpo movido pelas certezas.

> *Sobre leves esteios o primeiro salta para diante: a esperança e o pressentimento põem asas em seus pés. Pesadamente o segundo arqueja em seu encalço e busca esteios melhores para também alcançar aquele alvo sedutor, ao qual seu companheiro mais divino já chegou. Dir-se-ia ver dois andarilhos diante de um regato selvagem, que corre rodopiando pedras: o primeiro, com pés ligeiros, salta por sobre ele, usando as pedras e apoiando-se nelas para lançar-se mais adiante, ainda que, atrás dele, afundem bruscamente nas profundezas. O outro, a todo instante, detém-se desamparado, precisa antes construir fundamentos que sustentem seu passo pesado e cauteloso; por vezes isso não dá resultado e, então, não há deus que possa auxiliá-lo a transpor o regato.* (Nietzsche)

Até agora eu o ensinei a marchar. É isso que se ensina nas escolas. Caminhar com passos firmes. Não saltar nunca sobre o vazio. Nada dizer que não esteja construído sobre sólidos fundamentos. Mas, com o aprendizado do rigor, você desaprendeu o fascínio do ousar. E até desaprendeu mesmo a arte de falar. Na Idade Média (e como a criticamos!) os pensadores só se atreviam a falar se solidamente apoiados nas autoridades. Continuamos a fazer o mesmo, embora os textos sagrados sejam outros. Também as escolas e universidades têm os seus papas, seus dogmas, suas ortodoxias. O segredo do sucesso na carreira acadêmica? Jogar bem o "boca de forno", aprender a fazer tudo o que seu mestre mandar...

  Agora o que desejo é que você aprenda a dançar. Lição de Zaratustra, que dizia que para se aprender a pensar é preciso primeiro aprender a dançar. Quem dança com as ideias descobre que pensar é alegria. Se pensar lhe dá tristeza é porque você só sabe marchar, como soldados em ordem unida. Saltar sobre o vazio, pular de pico em pico. Não ter medo da queda. Foi assim que se construiu a ciência: não pela prudência dos que marcham, mas pela ousadia dos que sonham. Todo conhecimento começa com o sonho. O conhecimento nada mais é que a aventura pelo mar desconhecido, em busca da terra sonhada. Mas sonhar é coisa que não se ensina. Brota das profundezas do corpo, como a água brota das profundezas da terra. Como mestre só posso então lhe dizer uma coisa: "Conte-me os seus sonhos, para que sonhemos juntos!".

O CARRINHO

Ganhei um carrinho de presente. Coloquei-o sobre minha mesa de trabalho. Olho para ele quando escrevo e escrevo os pensamentos que ele me faz pensar. Não são todos os objetos que têm esse poder de fazer pensar. A caneta, o grampeador, a lâmpada, a cadeira, objetos à minha volta: eu os uso automaticamente; eles não me fazem pensar. É que eles só estão ligados ao meu corpo, mas não à minha alma. Mas o carrinho é diferente. Bastou que eu o visse a primeira vez para sentir uma emoção, um movimento na alma. Eu o reconheci como morador do mundo das minhas memórias. Ele me fez lembrar e sonhar. Fez cócegas no meu pensamento. Meu pensamento começou a voar. O que eu vejo nele não é nada comparado àquilo que ele me faz imaginar. Sonho. Os teólogos medievais diziam que o sacramento é um sinal visível de uma graça invisível. O carrinho é um sacramento: sinal visível de uma felicidade adormecida, esquecida. Volto ao mundo da minha infância.

Uma lata de sardinha. A tampa foi dobrada inteligentemente, e assim se produziu a capota. As rodas foram feitas de uma sandália havaiana que não se prestava mais a ser usada. Os eixos, dois galhinhos de arbusto. E ei-lo pronto! Um carrinho, construído com imaginação e objetos imprestáveis.

Fosse um carrinho comprado em loja, e eu nada pensaria. Seria como meu lápis, meu grampeador, minha lâmpada, minha cadeira. Mas basta olhar para o carrinho para eu ver o menino que o fez, menino que nunca vi, menino que sempre morou em mim. Fico até poeta: faço um haicai:

> *uma lata vazia de sardinha,*
> *uma sandália havaiana abandonada:*
> *um menino guia seu automóvel.*

Os entendidos dirão que o haicai está errado. De fato, não sei fazer haicais. Sou igual ao menino que não sabia fazer automóveis, mas a despeito disso os fazia. Meu haicai se parece com o carrinho de lata de sardinha e rodas de sandália havaiana.

Sei que o menino é pobre. Se fosse rico teria pedido ao pai, que lhe teria comprado um brinquedo importado. Dinheiro é um objeto que só dá pensamentos de comprar. A riqueza, com frequência, não faz bem ao pensamento. Mas a pobreza faz sonhar e inventar. Carrinho de pobre tem de ser parido. A professora – se é que ele vai à escola – deve ter notado que ele estava distraído, ausente, olhando o vazio fora da janela. Falou alto para chamar sua atenção. Inutilmente. Ela não percebeu que distração é atração por um outro mundo. Se os professores entrassem nos mundos que existem na distração dos seus alunos, eles ensinariam melhor. Tornar-se-iam companheiros de sonho e invenção.

Penso que o menino devia andar lá pela favela, olhos atentos, procurando algo, sem saber direito o quê. Até que deram com a lata de sardinha jogada no lixo. Foi um momento de iluminação. A lata de sardinha virou uma outra coisa. O menino virou poeta, entrou no mundo das metáforas: isto é aquilo. Ele disse: "Esta lata de sardinha é o meu carro". Fez aquilo que um fundador de religiões fez, ao tomar o pão e dizer que o pão era seu corpo. E a lata de sardinha ganhou outro nome, virou outra coisa. O menino, sem saber, executou uma transformação mágica. Todo ato de criação é magia. O menino dobrou a tampa e se sentou ao volante.

Faltavam as rodas. Pensei que muitas vezes me defrontei com problema semelhante, quando menino. Mas na minha infância a solução já estava dada. O leite vinha em garrafas bojudas de boca larga, que eram fechadas com tampas metálicas semelhantes às tampinhas de cervejas, só que muito maiores. Era só pegar as tampas, e o problema estava resolvido. Mas os tempos são outros. O menino teria de fazer suas rodas, se quisesse andar de automóvel. Se tivesse uma serra tico-tico, poderia fazer rodinhas de um pedaço de compensado abandonado. Mas é certo que tal ferramenta ele não tinha. Pois se tivesse, teria feito. Suas ferramentas: uma faca, subtraída da cozinha, um prego para fazer os buracos, e uma pedra, à guisa de martelo. O material deveria ser dócil às ferramentas que possuía. Seria fácil fazer rodas de papelão. Mas as rodas se desfariam, depois de passar pela primeira poça de água. Seus olhos e pensamento procuram. E aquilo que calçara pés se transformou em calçado de automóvel. Quatro buracos na lata de sardinha, dois galhinhos de árvores e ei-lo pronto: o carrinho!

O menino sabia pensar. Pensava bem, concentrado. É sempre assim. Quando o sonho é forte, o pensamento vem. O amor é o pai da inteligência. Mas sem amor todo o conhecimento permanece adormecido, inerte, impotente. O menino e o seu carrinho resumem tudo o que penso sobre a educação. As escolas: imensas oficinas, ferramentas de todos os tipos, capazes dos maiores milagres. Mas de nada valem para aqueles que não sabem sonhar. Os profissionais da educação pensam que o problema da educação se resolverá com a melhoria das oficinas: mais verbas, mais artefatos técnicos, mais computadores (ah! o fascínio dos computadores!). Não percebem que não é aí que o pensamento nasce. O nascimento do pensamento é igual ao nascimento de uma criança: tudo começa com um ato de amor. Uma semente há de ser depositada no ventre vazio. E a semente do pensamento é o sonho. Por isso os educadores, antes de serem especialistas em ferramentas do saber, deveriam ser especialistas em amor: intérpretes de sonhos.

 O menininho sonhava. Como Deus, que do nada criou tudo, ele tomou o nada em suas mãos, e com ele fez o seu carrinho. Imagino que, também como Deus, ele deve ter sorrido de felicidade ao contemplar a obra de suas mãos...

GRÁFICA PAYM
Tel. [11] 4392-3344
paym@graficapaym.com.br